AF360040

LA MADELEINE

AU DÉSERT DE LA SAINTE-BAUME

EN PROVENCE,

POËME

SPIRITUEL ET CHRÉTIEN,

SUIVI

d'une Notice sur la famille et la vie de sainte Madeleine,

Par H. HONNORAT, ancien militaire.

Cet ouvrage ne se trouve qu'à Saint-Maximin (Var).

CHEZ HYPPOLITE HONNORAT.

Prix : 25 cent.

—

1858.

BRIGNOLES,
Impr. Perreymond-Dufort
et Vian.
C.

LA MADELEINE

AU DÉSERT DE LA SAINTE-BAUME

EN PROVENCE,

POÈME SPIRITUEL ET CHRÉTIEN.

Belle amante transie aux pieds de votre amant,
Aux vôtres prosterné, je viens vous rendre hommage
Et vous offrir ici votre sacrée image,
Princesse en sainteté des provinces de France.
Théâtre renommé de tant de sacrés lieux,
C'est à toi que j'en veux, trop heureuse Provence,
Mais puisqu'on peut fort bien prouver ce que j'avance
Par des discours polis, subtils et sérieux,
Je laisse cet office à qui le fera mieux.
Mettant doncques à part, tous ces riches trésors,
De tant de monuments, et de tant de saints corps,
D'Arles, de Tarascon, d'Aix, d'Apt et de Marseille,
Je crois pieusement, et j'ose proférer
Qu'enfin Saint-Maximin a l'unique merveille,
Pour laquelle, à toute autre, on le doit préférer.
Enfin, je mets au jour la nouvelle peinture
De la juive, dont l'art corrigea la nature,
Un tableau de douleur, un miracle d'amour,
Qui dans un antre affreux s'alla priver de jour;

La belle Madeleine errante et libertine,
Ayant scandalisé toute la Palestine,
Et de tous ses péchés eut la rémission,
Qui vint en ce pays faire sa mission.

Jérusalem la vit comme sa pécheresse,
Et Marseille l'ouït comme sa précheresse,
La première abhorra ses vains emportements,
La seconde admira ses saints emportements,
L'une vit sa jeunesse adorer cette idole,
L'autre se convertit écoutant sa parole,
Et la sainte cité qui la mit hors de soi,
Obligea la payenne à recevoir sa foi.

Quand après son exil, du Saint-Esprit guidée,
Elle fuit en Provence et quitta la Judée,
Si donc elle voulut faire un si long trajet,
Ce fut pour achever ce glorieux projet,
Qui donna la terreur dont elle fut saisie,
A l'Europe qui sût le crime de l'Asie,
Crime que l'univers toujours détestera,
Tant qu'à l'entour du ciel le soleil roulera.

Ce fut en ce lieu même, où notre pénitente
Voulut se confiner pour en être habitante,
Admirable séjour d'horreur et de plaisir,
De la terre et du ciel, l'amour et le désir ;
Où toujours elle avait, comme dit son histoire,
Son âme en paradis, son corps en purgatoire,
Pour la faire brûler d'un feu de charité,
Après celui d'enfer qu'elle avait mérité.

C'est, dis-je, en ce climat, que l'illustre bannie,
Privée entièrement de toute compagnie,
Et cachée au cachot, qu'elle vint habiter,
Demeura si longtemps sans jamais le quitter,
Pendant trente saisons, plus mauvaises que bonnes,
Trente printemps sans fleurs, et sans fruits trente automnes,
Et tout autant d'étés, pour elle, sans moissons,
Souffrant de trente hivers la neige et les glaçons ;

Où ses repas n'étaient que des herbes sauvages,
Et son lit de repos, les rochers des bocages.
La voici donc récluse en cette grotte sombre,
Comme les morts du siècle ensevelis dans l'ombre,
N'y voyant rien du tout des yeux de son esprit,
Que l'amour et la mort de son cher Jésus-Christ.

Venez jusques ici, venez femmes mondaines,
Scandales des cités, fameuses Madeleines,
Venez à ce miroir, venez le consulter,
Si vous ne pouvez pas tout à fait l'imiter ;
Voyez devant son Dieu, la dame anéantie,
Qui ne se repent point de s'être repentie,
Et se trouve si bien d'avoir fait un tel choix,
Qu'on la voit s'embraser pour embrasser la croix.

Hélas ! que me servit mon illustre naissance,
Si ce n'est à plutôt perdre mon innocence
Que je ne conservai, qu'en mes plus jeunes ans,
Pour la laisser périr, parmi mes courtisans.
Mes parents décédés, je devins libertine,
Fort peu de temps après que je fus orpheline,
Me laissant emporter à mes débordements,
N'ayant plus pour censeurs de mes déportements,

Ni mon père Syrus, ni ma mère Eucharie,
Dont la perte ne fut que celle de Marie,
Qui parmi ses amours, ses grâces et ses ris,
Se laissa cajoller à mille favoris;
Passant joyeusement le beau cours de ma vie,
A me voir accostée, adorée et servie,
De tous ces insensés, comme si j'eusse été
L'idole de leur cœur et leur divinité.

Mon frère, ni ma sœur, ni ma bonne nourrice,
Ne surent m'empêcher de suivre mon caprice,
Et tous leurs bons propos, leurs avertissements
Ne purent divertir mes divertissements,
Qui n'étaient que le jeu, les cours, les promenades,
Le bal, la comédie, et puis les sérénades.
Les romans, les chansons, les vers, les airs nouveaux,
C'étaient mes entretiens, ma lecture ordinaire,
Qui ne me promettaient qu'un bien imaginaire;
Lorsque je me moquais de la loi des docteurs,
De la Sainte Écriture et des prédicateurs,
De ce que prédisait la grande prophétie
D'admirable et de fort, du désiré Messie,
De tout ce qu'en avaient les Sibylles écrit,
Rien de bon ne pouvait entrer dans mon esprit.

Je me gaussais de tout, et ne faisais que rire
De tout ce qui pouvait de mon salut m'instruire,
Et ceux qui me parlaient des enfers ou des cieux,
N'étaient que vieux rêveurs et superstitieux.
Mon esprit tournait tout en pure raillerie,
Toute dévotion m'était bigoterie,
Et je ne me plaisais qu'en fêtes et festins,
Vivant comme une athée avec les libertins.

Je ne fus donc pour lors, qu'une âme abandonnée,
Profanant la beauté que Dieu m'avait donnée ;
Et bien loin d'en donner la gloire à son auteur,
Je ravis les honneurs qu'on doit au Créateur.
Qui voyant de ses yeux les précieuses larmes,
Eussent pu résister au pouvoir de leurs charmes ?
Assez forts et puissants, pour tous en assurer,
Quand fut mon frère mort, nous le vîmes pleurer,
Et qu'il voulût ainsi que ses perles fondues
Fussent avec nos pleurs tristement confondues,
Si bien que je ne puis vous dire si ce jour,
Il fit plus de pitié, qu'il ne donna d'amour.

Ce fut depuis ce temps, que mes larmes coulèrent,
Et qu'avec abondance à son sang se mêlèrent,
Sang dont je me lavais, sang que je recueillis
Quand il portait sa croix, sous son poids défailli.
Pourtant quand je le vis hors de sa sépulture,
J'eus de quoi soulager ma cruelle torture,
Et me vanter partout de ma félicité,
Lorsque ayant triomphé de la fierté des Parques,

Il me toucha si bien, que j'en porte les marques,
Sous la forme et l'habit d'un simple jardinier,
Et ce trait de faveur ne fut pas le dernier ;
Mais quelque temps après l'ayant perdu de vue,
Sur le pompeux éclat d'une brillante nue,
Qui pour me désoler le ravit à mes yeux
Attentifs à le voir monter jusques aux cieux.

Ne pouvant plus souffrir cette mortelle atteinte,
Mon esprit affligé renouvela sa plainte.
Il fallut derechef débonder mon cerveau,

Et lors on vit mes yeux pleurer tout de nouveau.
Cependant les faux juifs excitant un orage,
Me prirent aussitôt pour sujet de leur rage,
Et sans aucun sujet, sans droit et sans raison,
Exposèrent en mer toute notre maison.

Mer plus humaine qu'eux, dont toujours la bonace
Nous porta sur son dos, sans péril ni menace,
Où pendant tout le temps que nous fûmes sur l'eau,
Aucun vent ne battit notre méchant bateau.
Nous voguâmes enfin, avec tout avantage,
Quoique sans conducteur, sans art, sans pilotage,
Ayant pour nous le Roi des morts et des vivants,
Qui commande la mer, et règle tous les vents.

Enfin ce grand patron, qui nous guide et conseille,
Fait arriver la barque au beau port de Marseille.
O cité fortunée et ville incomparable,
Reçois dans ton pourpris ce prélat vénérable,
Qui sera pour ton bien, étant universel,
Le flambeau de la terre et de ta mer.
Il est accompagné de sa sœur Madeleine,
Qui vient pour l'éclairer, comme une lune pleine,
Ou bien comme une nue, ou céleste arrosoir,
Prête pour arroser ton stérile terroir,
Tant des pleurs de ses yeux, que des eaux de la grâce,
Ce qui rendra bientôt toute ta terre grasse,
Qui portera le fruit qu'elle vient y semer.

Reçois donc de sa part la loi de l'Évangile,
Qu'elle vient promulguer pour ton bien plus utile,
Et te faire savoir, jusqu'ici sur ton port,
Que c'est pour te sauver que son soleil est mort.

C'est elle qui l'a vu coucher sur le Calvaire,
Tu ne peux récuser ce témoin oculaire.
C'est ce que Madeleine, en te portant la foi,
Après t'avoir appris tous les autres mystères,
Qui se sont opérés au pays de ses pères;
Après que notre sainte eut fait ce que je dis,
Et changé cet enfer en un vrai paradis.

Se rendant admirable à toute la Provence,
Par ses rares discours, et divine éloquence,
Ayant fait dans Marseille un indicible fruit,
Elle se retira du monde, et de son bruit;
Près d'un bois elle rentra, en sa baume,
Après un si beau tour,
Et vient s'y reposer en attendant le jour.
Après sur la montagne, elle commence prime,
Sitôt que le soleil en redore la cime;
Son esprit est ravi de tant d'objets divers,
Qu'elle voit de si haut presque tout l'univers.

C'est là qu'elle bénit, au-dessus de la nue,
La main qui la soutient et qui l'a soutenue.
La sainte encor un coup, est en l'air exposée,
Fort peu de temps après qu'elle s'est reposée;
Pour la septième fois, elle vole en ces lieux,
Et j'entends que déjà, dans le chemin des cieux,
Des louanges de Dieu mille bouches remplies,
Avecque Madeleine, ont commencé complies.

Sur le point que la nuit étend son manteau noir,
Pour réhausser l'éclat de son beau promenoir,
Mille brillants flambeaux, sur la céleste voûte,
Semblent s'être allumés pour éclairer sa route;

Tant de lampes ne font qu'une même clarté,
Afin qu'elle ne prenne un chemin écarté ;
Mais pour aller tout droit dans cette belle voie,
Elle n'a pas besoin de tant de feux de joie.

Ces puissants conducteurs qui la portent là-haut,
Lui donnent de clarté, tout autant qu'il en faut,
Et le ciel peut bien voir qu'elle, à cette heure indue,
N'a que faire des rais de sa lampe pendue.
La plus obscure nuit, pour elle est sans horreur,
Incapable de chute, et moins encor d'erreur ;
Au contraire on dirait à voir tant de lumière,
Que le soleil revient sur sa route première,
Et que ce curieux a voulu reculer,
Soit pour lui faire hommage, ou pour la voir voler
S'il n'était appuyé contre le saint pilier.

Voici doncques la place et le même côté,
Où cette pénitente a si longtemps été,
C'est ici qu'elle ouït du monde les reproches,
Qui lui parlait ainsi sur ces scabreuses roches :
Que fais-tu, Madeleine, en ce triste séjour,
Qui prive tes beaux yeux de la clarté du jour ?
Pourquoi t'ensevelir en des lieux si funèbres,
Où tu ne sembles plus qu'un ange des ténèbres ?
Qu'as-tu fait des souris, des grâces, des attraits ?
Quelle métamorphose, en cette guerre sombre,
Tu fus un beau soleil, et tu n'es plus qu'une ombre
Qui semble être venue en cet antre si noir,
Du profond de l'abîme et damnable manoir.

Pour venir habiter cette affreuse demeure,
Pourquoi n'attendais-tu qu'une vieillesse meure

Vint deteindre ton teint et sillonner ton front,
Sans te faire toi-même un si cruel affront,
Comme pour empêcher qu'on ne te reconnaisse ?
Pourquoi laisser flétrir la fleur de ta jeunesse,
Dans la verte saison de tes plus doux appas,
Sachant que c'est un fruit qui ne se garde pas ?
Il en est déjà temps, en ce lieu solitaire,
De rehausser ton vol pour un autre mystère ;
Sors donc de cette baume, et quitte ces déserts,
Pour prendre ton essor bien avant dans les airs,
Pour y suivre des yeux cette femme excellente,
Qui tire droit au ciel, comme une aigle volante.

Spectacle épouvantable, autant que ravissant,
Vous rendez à ce point mon génie impuissant ;
Ma plume ne saurait, du haut de la montagne,
Voler dans cette humide et liquide campagne !
Qui pourrait s'y guinder sans des ressorts vivants,
Ou sans être emporté sur les ailes des vents ?
Admire en contemplant ses volantes bannières,
De son char triomphant les brillantes ornières,
Ne la perds pas de vue et regarde comment,
Elle s'en va tout droit contre le firmament.
Ne découvres-tu pas, à travers ces beaux voiles,
Comme déjà son front est couronné d'étoiles ?
Ne te semble-t-il pas que déjà le soleil
La couvre d'un drap d'or qui n'a pas son pareil ?

Que la lune foulée argente sa chaussure !
Que les astres soient prêts d'arrondir sa coiffure !
Que le soleil, la lune et le ciel même encor,
Lui vont faire un habit d'argent, d'azur et d'or !
Le soleil lui donnant le fin or de sa tête ;

La lune, cet argent que son frère lui prête,
Et le ciel s'employant aussi de son côté,
Le bleu mignon qu'il a de tous deux emprunté :
De sorte qu'on peut voir en cet habit si rare,
Presque autant de couleurs dont l'arc-en-ciel se pare.
C'est en cette peinture et par ce coloris,
Qu'elle passe pour l'arc et surpasse l'iris.

Tout de même je vois Madeleine mourante :
Cette fille du ciel la séraphique amante,
Brûle comme un phénix du feu de son amour,
Qui dans quelques moments, perd et reçoit le jour,
Sans avoir aucun mal, sans autre maladie,
Que celle de l'amour et de son incendie.
Étant donc sur son roc, comme sur un bûcher,
Attendant que la mort vienne la détacher,
Elle demande au ciel, de finir son supplice,
Et lance ses regards au soleil de justice,
Qui dardant ses rayons pour lui donner l'essor,
La blesse doucement avec ses flèches d'or.
Ainsi ce grand archer, d'un javelot de flamme,
En consumant son corps, fait envoler son âme :
La seule charité lui décoche son trait,
Jusqu'au dernier moment, qui la fit expirer.

Sainte Marie Madeleine était sœur de Lazare et de Marthe, qui étaient très-nobles, très-riches et très-puissants. Son père, (dit saint Augustin, archevêque de Florence), s'appelait Syrus, et sa mère Eucharie ; après la mort desquels le frère et les deux sœurs se partagèrent leur riche succession. Le Lazare eut pour sa part plusieurs belles terres ; Marthe eut en son dot le bourg de Béthanie, près de Jérusalem ; et Marie le château de Magdelon, dans la province de Galilée, duquel elle prit le nom de Madeleine.

L'opinion de quelques-uns, disent que Marie Madeleine étant jeune, belle, riche, noble et de bonne compagnie, elle abusa de la liberté qu'elle avait après le décès de ses père et mère. Elle fréquenta des mondains et des courtisans, seulement pour passer son temps, mais néanmoins la ville qu'elle habitait en fut scandalisée, à ce point qu'on la nomma la pécheresse ; mais ayant entendu parler de Jésus, elle voulut l'entendre, elle y parvint.

La première chose que Dieu fit pour la délivrer, ce fut de l'illuminer du rayon de la divine lumière.

Il lui fit voir à clair l'abomination de son âme, combien elle était égarée du vrai chemin, enfin ce rayon pénétra si avant dans le cœur, qu'elle se convertit d'abord et devint une grande sainte : elle fit de notables actes de pénitence ; elle fut témoin de la passion et de la mort de Jésus-Christ. Ses yeux étaient des sources vives de larmes.

Après la mort du premier martyr saint Étienne, la persécution s'éleva dans Jérusalem contre l'église et les disciples de notre Seigneur. Entre autres fidèles qui furent mal menés des Juifs et persécutés avec plus de rage, Marie Madeleine, Marthe et Lazare furent les premiers en haine à cause de leur amour qu'ils avaient témoignés envers Jésus-Christ. — On les prit tous trois, Marie, Marthe et Lazare, avec leur servante Marcelle ; on prit aussi saint Maximin qui était un des septante disciples de Jésus, et Celedoine (Sedoine), qui fut l'aveugle-né, auquel notre Seigneur rendit la vue. On dit aussi qu'ils y mirent Joseph d'Arimathie, celui qui avait descendu notre Seigneur de la croix et qui l'avait mis au sépulcre, avec d'autres chrétiens. On les exposa dans un navire sans voiles, sans avirons, sans gouvernail et sans mariniers, afin qu'ils se noyassent en mer : mais un pilote invisible conduisit le navire, ils vinrent aborder à Marseille, et la Madeleine, avec toute cette bienheureuse compagnie, descendirent à terre, où, par l'admirable exemple de sa vie, par ses divins propos et par les miracles que notre Seigneur faisait par elle, toute la Provence fut convertie à la foi de Jésus-Christ. Saint Lazare fut le premier évêque

de Marseille : saint Maximin de la ville d'Aix.
Marthe se retira dans un monastère avec un grand
nombre de demoiselles, et Joseph d'Arimathie
passa en Angleterre. Ce fut le premier qui planta
l'évangile dans ce pays ; et Madeleine, après avoir
converti bon nombre d'âmes, prêchant par sa pro-
pre bouche, elle se retira dans un désert pour
pleurer ses péchés, elle vécut 30 ans dans cette
solitude, appelée depuis sa mort la Sainte-Baume.
Au bout de 30 ans, elle pria un prêtre d'aller de sa
part trouver saint Maximin et l'avertir précisément
que le dimanche suivant il se trouva seul dans
l'église, à l'heure de matines. Le saint évêque y
vint, et trouva la Madeleine en oraison, élevée en
l'air et les bras étendus en haut. Elle reçut le très-
saint Sacrement d'une merveilleuse dévotion, les
larmes aux yeux, et peu de temps après elle rendit
l'esprit. Les anges emportèrent au ciel l'âme de la
bénite Madeleine, chantants, psalmodiants. Le
corps fut enterré là où il a été toujours en grande
vénération.

Après avoir rendu les honneurs funèbres à sainte
Madeleine, l'évêque Maximin déclara à ses prêtres
qu'il voulait être enseveli après sa mort aux pieds
de la sainte. Mais durant le reste de ses jours, il
fit tous ses efforts pour rendre accessible le rocher
où sainte Madeleine avait fait pénitence. Dans la
suite du temps, le nombre des chrétiens s'étant
augmenté, la dévotion envers la sainte s'accrut de
même, de telle sorte que le rocher fut habité l'an
450, premièrement, par les Cassianites, et ensuite
par les moines de Saint-Benoit (les Bénédictins)

qui succédèrent aux premiers par l'autorité du Saint-Siége, les uns et les autres furent aussi successivement à Saint-Maximin (autrefois Villelate), pour être les gardiens des reliques de sainte Madeleine. La dévotion envers la sainte était alors florissante, mais elle fut troublée quelque temps après par les courses que les Sarrazins faisaient alors dans le royaume sous le règne de Odon, 880.

On voit encore, à Saint-Maximin, la tête de sainte Madeleine, à laquelle est encore adhérente la chair que Jésus-Christ toucha avec ses doigts; dans une petite fiole de verre, on voit une partie de cheveux dont elle se servit pour essuyer les pieds du même Sauveur; et dans une autre fiole, on voit de la terre détrempée dans du sang, laquelle fut ramassée par la Madeleine le vendredi saint au pied de la croix. Autrefois toutes ces reliques, ces précieux trésors, étaient renfermés dans une châsse d'argent dorée.

NOMS DES FAMILLES ROYALES

QUI ONT FAIT CE PÉLERINAGE.

FONDÉE EN MCCLXXX
PAR CHARLES II,
COMTE DE PROVENCE.
VISITÉE PAR SAINT LOUIS
A SON RETOUR DE LA TERRE-SAINTE.
JEAN I EN MCCCLXII.
CHARLES VI EN MCCCLXXXIX.
LOUIS XI ENCORE DAUPHIN.
ANNE DE BRETAGNE EN MDIII.
FRANÇOIS I EN MDXVI.
HENRI II EN MDXXXIII.
CHARLES IX ET HENRI III.
HENRI IV EN MDLXIV
LOUIS XIII EN MDCXXII.
LOUIS XIV EN MDCLX.
MARIE-CHRISTINE, REINE D'ESPAGNE,
VEUVE DE FERDINAND VII,
1er NOVEMBRE MDCCCXL (1).

---

(1) Parmi les Souverains Pontifes qui ont payé leur tribut de vénération à sainte Marie Madeleine dans sa solitude de la Sainte-Baume, on distingue Jean XXII, Benoît XII, Clément VI, Innocent VI, Urbain V, Grégoire XI, Clément VII, etc.

Compagnon, en entrant dans la Provence,
tu verras :

1º Marseille, cette ville immense, aussi belle que marchande, située au bord de la mer :

2º Toulon et ses forteresses, son arsenal si renommé et quantité d'étrangers ; les galères et des hommes dans les fers, on les dirait aux enfers : déplorons leur misère ;

3º N'oublie pas la Sainte-Baume, le Saint-Pilon et son dôme ;

4º La ville de Saint-Maximin et sa noble basilique, renfermant de précieuses reliques, tant d'ouvrages parfaits et la chaire à prêcher ;

5º Aix enfin, capitale de la Provence.
Bois ici un verre de bon vin,
Ensuite poursuis ton chemin,
Il te faut passer la Durance.

HYMNES DE SAINTE MADELEINE

Lauda, Mater Ecclesia.
Lauda Christi clementiam.
Qui septem purga vitia,
Per septiformem gratiam.

Maria, soror Lazari,
Quæ tot commisit crimina,
Ab ipsà fauce tartari,
Redit ad vitæ lumina.

Post fluxæ carnis scandala,
Fit ex lebete phiala,
In vas translata gloriæ,
De vase contumeliæ.

Ægra currit ad medicum,
Vas ferre aromaticum,
Et à morbo multiplici,
Verbo curatur medici.

Surgentem cum victoriâ
Jesum videt ab inferis,
Prima meretur gaudia
Quæ perardebat cæteris.

Uni Deo sit gloria,
Pro multiformi gratiâ,
Qui culpas et supplicia
Remittit, et dat præmia.
        Amen.
Ant. Recumbente Jesus.

Æterni Patris unice,
Nos pio vultu respice,
Qui Magdalenam hodiè
Vocas ad thronum gloriæ.

In thesauro reposita,
Regis est dragma perdita,
Gemmaque luce inclyta,
De luto luci reddita.

Uni Deo sit gloria,
Pro multiformi gratiâ,
Qui culpas et supplicia
Remittit, et dat præmia. Amen.

ỿ. Dimissa sunt ei peccata multa,
℞. Quoniam dilexit multùm.
Ant. O mundi lampas!

Jesu, dulce refugium,
Spes una pœnitentium
Per peccatricis meritum,
Peccati solve debitum.

O pia Mater et humilis,
Naturæ memor fragilis,
In hujus vitæ fluctibus,
Nos rege tuis precibus.

Uni Deo sit gloria,
Pro multiformi gratiâ,
Qui culpas et supplicia
Remittit, et dat præmia. Amen.

Ant. Hæc Maria.

Nardi Maria pistici
Sumpsit libram, mox mystici :
Unxit, rigando lacrymis,
Beato pedes Domini.

Uni Deo sit gloria,
Pro multiformi gratià,
Qui culpas et supplicia
Remittit, et dat præmia. Amen.

v. Elegit eam Dominus et dilexit eam ;

r. Et habitare eam facit in tabernaculo suo.

Ant. Celsi meriti, Maria.

LITANIES

DE SAINTE MARIE-MADELEINE.

Kyrie, eleison. Christe, eleison.

Christe, audi nos. Christe, exaudi nos.

Pater de cœlis, Deus,   miserere nobis.

Fili Redemptor mundi, Deus,   miserere.

Spiritus Sancte, Deus,   miserere.

Sancta Trinitas, unus Deus,   miserere.

Sancta Maria Magdalena,   ora pro nobis.

Quæ attulisti alabastrum unguenti,   ora.

Quæ lacrymis pedes ejus rigasti,   ora.

Quæ capillis capitis tui eos abstersisti,   ora.

Diva vestigia osculata,   ora.

Cui dimissa sunt peccata multa,   ora.

Ex lebete facta phiala,   ora.

De luto luci reddita,   ora.

In vas translata gloriæ,   ora.

Margarita præfugida,   ora.

Mundi lampas,   ora.

Ardore charitatis succensa,   ora.

Domino gratissima , ora.

A Jesu multùm dilecta , ora.

Quæ optimam partem elegisti , ora.

Quæ pendenti in cruce Christo fideliter ads-
titisti , ora.

Mulier fortis , ora.

Quæ, à monumento Dominico recedentibus
Discipulis, stetisti , ora.

Quæ Christum resurgentem prima Discipulo-
rum videre meruisti , ora.

Quæ gloriosâ ejus dexterâ contractâ signata
fuisti , ora.

Apostolorum Apostola , ora.

Dulcis pœnitentiam agentis Advocata , ora.

Sponsa Regis gloriæ , ora.

Ut tecum mereamur , ô Domina , perfrui ,
felicissima , ora.

LES GAUDES DE SAINTE MADELEINE.

Gaude, pia Magdalena,
Spes salutis, vitæ vena,
Lapsorum fiducia.

Gaude, dulcis Advocata,
Pœnitentiæ forma data
Miseris post vitia.

Gaude, felix Deo grata,
Cui dimissa sunt peccata
Speciali gratià.

Gaude, lotrix pedum Christi.
A quo tanta meruisti
Amoris insignia.

Gaude, prima digna frui
Visu Redemptoris tui,
Surgentis cum glorià.

Gaude, quæ septenis horis.
Es ab antro vecta foris,
Ad cœli vestigia.

Gaude, quæ nunc sublimaris.
Et cum Christo gloriaris
In cœlesti gloriâ.

Fac et nos sic pœnitere,
Ut post mortem lucis veræ
Sortiamur gaudia.

Ant. Intercede, supplicans assiduè pro nobis Jesu Domino, Maria Magdalena.

℣. Ora pro nobis, beata Maria Magdalena,
℟. Ut digni efficiamur promissionibus Christi.

OREMUS.

Largire nobis, clementissime Pater, ut sicut beata Maria Magdalena Dominum nostrum Jesum Christum super omnia diligens, suorum obtinuit veniam peccatorum, ita nobis apud tuam misericordiam sempiternam impetret beatudinem.

℣. Domine, exaudi orationem meam :
℟. Et clamor ad te veniat.
℣. Benedicamus Domino. ℟. Deo gratias.

LES LARMES DE SAINTE MADELEINE.

AU DÉSERT DE LA SAINTE-BAUME.

Air : *Où êtes-vous, Birenne, mon amour ?*

Sombre forêt, prends part à mes douleurs :
Bois sans pareil, désert de la Provence.
Le cœur contrit, les yeux noyés de pleurs.
Je viens ici pour faire pénitence.

Creux du dragon, insensible rocher
Que je choisis pour ma chère demeure,
Entends mes pleurs, et t'y laissant toucher.
Pleure avec moi jusqu'à ce que je meure.

Ah ! c'est trop peu que tu pleures trente ans :
Après ma mort il faut que de ta voûte,
Tant que les cieux feront durer le temps,
Tes claires eaux distillent goutte à goutte.

Monstres affreux, farouches animaux.
Sortez d'ici, cédez-moi cette Baume :
Mon médecin y veut guérir mes maux,
Changeant mes pleurs en un souverain baume.

L'âme et le corps ont irrité mon Dieu
En ajoutant offense sur offense ;
J'ai résolu que tous deux en ce lieu ,
Pour l'appaiser , embrassent la souffrance.

Si le Sauveur m'accorde le pardon ,
Si sa bonté m'affranchit du supplice ,
Je ne dois pas , en pensant qu'il est bon ,
Mettre en oubli les droits de sa justice.

Puisque sa main ne veut pas me punir ,
Par un effet de son amour extrême ,
J'en veux garder l'éternel souvenir
Et châtier mes péchés par moi-même.

Les vains objets qui ravissaient mes sens ,
N'auront pour moi désormais plus d'amorce :
Mon chaste époux , par ses traits ravissants ,
M'en fait jurer un éternel divorce.

J'aurai toujours la douleur pour mon pain ,
Mon cher époux pour mon heureux partage ,
Pour mon miroir une croix à la main ,
Le roc pour lit , et mes pleurs pour breuvage.

Je veux enfin , en l'état où je suis ,
Pleurer toujours ma lâche ingratitude ;
Je veux nourrir mes regrets , mes ennuis .
Au sein profond de cette solitude.

RÉFLEXION.

Pleure, pécheur, tes péchés à ton tour :
En te formant sur notre Pénitente,
Va quelquefois visiter son séjour,
Pour ranimer ton âme languissante.

Tout ce saint lieu t'invite à te sauver :
Son bois affreux t'apprend la vie austère :
L'eau de son roc, à toujours te laver,
Et son cachot, à vivre en solitaire.

Obtenez-nous, amante de Jésus,
Que nous fassions comme vous pénitence :
Et qu'aimant Dieu nous ne l'offensions plus,
Pour mériter du ciel la récompense.

CANTIQUE

DE SAINTE MADELEINE AU DÉSERT.

Près de la croix et de toi, Madeleine,
Que j'aperçois, les yeux baignés de pleurs.
Oui ton amour de sa céleste chaîne,
Te fixe, hélas ! à l'arbre des douleurs.

Lorsqu'à ses pieds que tu mouilles de larmes,
Jésus te voit martyre de l'amour,
Pour consoler tes mortelles alarmes,
Son cœur divin s'entr'ouvrait en ce jour.

Tu vis alors l'immortel sanctuaire,
Arche de paix et temple des vertus.
Le Tout-Puissant oubliant son tonnerre
Dans cet asile appelle ses élus.

Du Sacré-Cœur première adoratrice,
O Madeleine, écoute nos accents,
Près de Jésus sois à nos vœux propice,
Et dans son cœur conduis tous ses enfants.

CANTIQUE

DE SAINTE MARIE-MADELEINE DANS LE DÉSERT.

Au désert la Madeleine, elle ne fait rien que pleurer,
Les anges vont la consoler, consolez-vous, Madeleine,
Jésus est ressuscité, il est plus beau que la clarté.

Allez au jardin des olives, peut-être vous le trouverez,
O jardinier, beau jardinier ! vous avez la face belle,
Vous avez les yeux de mon Dieu, et la bouche de mon Sauveur.

Puisque jardinier tu m'appelles, je le suis assurément,
Et des larmes de mes yeux j'ai arrosé toute la terre,
Et répandu tout mon sang pour racheter mes enfants.

Sitôt la Madeleine s'approche, pour Jésus vouloir embrasser.
Jésus lui a dit tout bas, retirez-vous, Madeleine,
Vous me pouvez adorer; prenez garde à me toucher.

La Madeleine se retire, au désert s'en est allée,
Trente ans elle y a demeuré, en esprit de pénitence.
Tout bon chrétien y va en dévotion, pour avoir sa conversion.

Publions les grands miracles de Jésus notre Sauveur :
Dans ce désert écarté, ils y sont très-charitables,
Faisons l'aumône en tout lieu, pour le saint nom de Dieu.

HYMNE DE LA MADELEINE.

Avant que la clarté du jour
Achève son illustre tour.
Venez promptement, ô mon Dieu !
Pour me garder en ce haut lieu.

Venez terminer mes ennuis.
Chasser les fantômes de nuit.
Et lier si bien l'ennemi.
Qu'il ne nuise au corps endormi.

Faites, ô Père tout puissant,
Par votre cher fils innocent,
Et par le Saint-Esprit aussi,
Tout ce dont je vous prie ici.

Voilà Marie-Madeleine, étant là de retour
Finit heureusement les sept heures du jour.
Ainsi s'entretenant en ce saint exercice,
Elle chante bien haut tout le divin office.
Mais nous nous égarons, craignons de trop oser,
Descendons avec elle, allons nous reposer,
Et suivons-la toujours, où elle doit aller.